Περιεχόμενα (contenido)

<u>**Prólogo**</u>

Este libro está hecho para todos los que desean aprender latín. El objetivo principal de este libro de ejercicios no es que uno entienda la gramática española. Por eso nos centramos en traducir lo más cerca posible de la forma de escribir en latín en vez de mantenernos fieles a las reglas gramaticales españolas y ser 100% "gramaticalmente correctos".

Este libro está dirigido a todos los que se encuentran en el nivel primario al latín. Empezaremos viendo los dos verbos más importantes de cada lengua, los verbos "_ser_" y "_tener_". Especialmente el verbo "_ser_" es muy irregular y no se somete a ninguna regla general. Con el conocimiento de estos dos verbos, cualquier principiante se sentirá seguro y cómodo. Después de éstos, por supuesto, vendrán otros verbos y más gramática.

El alumno encontrará ejercicios con los verbos latinos básicos más comunes. Además, se encontrarán ejercicios sobre el _nominativo_ y el _acusativo_ de sustantivos y adjetivos en todos los géneros (en latín, hay tres géneros, _masculino_, _femenino_ y _neutro_). Hemos prestado mucha atención en la creación de ejercicios adecuados para que las diferencias entre el nominativo y el acusativo queden lo más claras posible. Somos conscientes de que esta parte de la gramática suele ser una de las más complicadas para todos, y estamos seguros de que practicando con los ejercicios correctos, se hará mucho más comprensible.

Además, hemos añadido ejercicios de otro caso muy importante en latín, _el ablativo_. El ablativo se utiliza muy a menudo en latín, principalmente después de algunas preposiciones y verbos específicos. Una explicación exhaustiva y una comprensión más profunda de su uso es algo que no pertenece al nivel de los principiantes. Los ejercicios que el alumno encontrará en este libro de ejercicios son suficientes para introducirlo en el caso ablativo y su uso.

El objetivo principal de este libro es la mera práctica de la gramática latina. En ningún caso puede sustituir a un profesor ni a ningún otro libro que incluya un método de enseñanza completo para la aprehensión de la lengua.

Para ayudar a los hispanohablantes, cada ejemplo tiene una traducción en español. Además, al principio de cada capítulo, hay una tabla gramatical con la siguiente gramática. Los únicos casos en los que no hay traducción/explicación son algunos ejercicios de repaso en los que el alumno tiene que elegir la palabra correcta. Tener una explicación equivaldría a regalar la respuesta correcta.

Una vez más, nos gustaría aclarar que la mayoría de los errores que se pueda encontrar en la traducción están hechos deliberadamente para que la forma de escribir en latín sea comprensible a través de la lengua española, y no al revés. En este viaje gramatical, el español es sólo nuestra brújula, no nuestro destino.

Disfrútenlo y sigan aprendiendo latín todo lo que puedan.

1) Verbum "esse" (el verbo "ser")

Tabla gramatical:

	esse
ego	**sum**
tu	**es**
is, ea, id	est
nos	**sumus**
vos	estis
ei, eae, ea	sunt

ego: *yo*

tu: *tú*

es, ea, id: *él, ella, eso*

nos: *nosotros*

vos: *vosotros*

ei, eae, ea: *ellos, ellas*

<u>Ejercicio 1</u>
<u>Pongan el verbo **"esse" (ser)** en la forma correcta.</u>

1) Mediolanum valde pulchrum ________est________ .
Mediolanum es muy bonito.

2) Caecilia saltatrix ___________________ .
Caecilia es una bailarina.

3) Ego Grecus ___________________ .
Soy griego.

4) Petrus et Georgius domi ___________________ .
Petros y Giorgos están en casa.

5) Domina Helena splendida ___________________ !
Señora Elena está espléndida!

6) ___________________ tu Sócrates?
¿Eres Sócrates?

7) Nos hodie optimae ___________________ .
Hoy estamos muy bien.

8) Mater mea et ego hic ___________________ .
Mi madre y yo estamos aquí.

9) Eratostenes magister ___________________ .
Eratóstenes es un maestro.

10) Tu Tracianus non ___________________ .
Tú no eres tracio.

<u>Ejercicio 2</u>
<u>Pongan el verbo "**esse**" (**ser**) en la forma correcta.</u>

1) Ei pulchri _________ sunt _________ .
Ellos son preciosos.

2) Vacca magna ___________________________ .
La vaca es grande.

3) Mare caeruleum ___________________________ .
El mar es azul.

4) Vos ex urbe Roma ___________________________ ?
¿Sois vosotros de la ciudad de Roma?

5) Gaius et ego amici ___________________________ .
Gaius y yo somos amigos.

6) Tu bonus medicus ___________________________ .
Tu eres un buen médico.

7) Ei nunc in urbe ___________________________ .
Ellos ahora están en la ciudad.

8) Ego Graeca non ___________________________ .
No soy griega.

9) Aesta valde calida ___________________________ .
El verano es muy caluroso.

10) (Vos) Ubi ___________________________ homines?
¿Dónde estáis hombres?

<u>Ejercicio 3</u>

<u>Rellenen los huecos con la(s) palabra(s) correcta(s).</u>

~~Caecilius~~- ego - tu - ei - vos -

ego et ea - nos - Lucullus - is - tu

1) _______Caecilius_________ bonus magister est.

2) ____________________ Lucius est.

3) Quis es ____________________?

4) ____________________ mea amica es.

5) ____________________ in Grecia sumus.

6) Is ____________________ est.

7) ____________________ duo amici sunt.

8) ____________________ domi sumus.

9) ____________________ Metellus sum.

10) Ubi estis ____________________ nunc?

<u>Ejercicio 4</u>

<u>Pongan el verbo "**esse" (ser)** en la forma correcta.</u>

1) is _______est____________ (*él es*)

2) vos ____________________________ (*vosotros estáis*)

3) ei ___________________________ (*ellos son*)

4) ea __________________________ (*ella es*)

5) ego _________________________ (*yo soy*)

6) id __________________________ (*eso es*)

7) tu __________________________ (*tú eres*)

8) nos _________________________ (*nosotros somos*)

9) tu et ego ___________________________ (*tú y yo somos*)

10) Licinia ____________________________ (*Licinia es*)

2) Verbum "'habere" (el verbo "tener")

Tabla gramatical:

	habere
ego	**habeo**
tu	**habes**
is, ea, id	**habet**
nos	**habemus**
vos	**habetis**
ei, eae, ea	**habent**

ego: *yo*

tu: *tú*

is, ea, id: *él, ella, eso*

nos: *nosotros*

vos: *vosotros*

ei, eae, ea: *ellos, ellas*

<u>Ejercicio 1</u>

<u>Pongan el verbo "**habere" (tener)** en la forma correcta.</u>

1) Gaius domum ________habet____________ .
Gaius tiene una casa.

2) Ego librum tuum ____________________________ .
Yo tengo su libro.

3) Nos duos liberos ____________________________ .
Nosotros tenemos dos hijos.

4) ____________________________ ei liberos?
¿Tienen hijos ellos?

5) Hodie vos non ____________________________ lectionem.
Hoy no tenéis lección.

6) Caecilia et Lucia aliquid facere ____________________________ .
Caecilia y Lucia tienen algo que hacer.

7) Tu equum fortem ____________________________ .
Tienes un caballo fuerte.

8) Ego gladium non ____________________________ .
No tengo la espada.

9) Mater mea multos amicos ____________________________ .
Mi madre tiene muchos amigos.

10) Ad vesperam ei tempus non ____________________________ .
Por la tarde ellos no tienen tiempo.

<u>Ejercicio 2</u>

<u>Pongan el verbo **"habere" (tener)** en la forma correcta.</u>

1) Carthago bonum temporem ________habet________ .

Carthago tiene buen tiempo.

2) Parentes mei tres liberos ________________________ .

Mis padres tienen tres hijos.

3) Laius multa facere ____________________ .

Layo tiene muchas cosas que hacer.

4) Nonne vos clypeos ____________________ ?

¿No tenéis vosotros los escudos?

5) Nos victoriam ____________________ !

¡Nosotros tenemos la victoria!

6) Tu canem nigrum ____________________ .

Tienes un perro negro.

7) Margarita et tu mensam ____________________ .

Margarita y tú tenéis una mesa.

8) Ei inimicos non ____________________ .

Ellos no tienen enemigos.

9) Ego unum amicum bonum ____________________ .

Tengo un buen amigo.

10) Pater meus quinque fratres ____________________ .

Mi padre tiene cinco hermanos.

<u>Ejercicio 3</u>

<u>Rellenen los huecos con la(s) palabra(s) correcta(s).</u>

~~Ego~~ - ego - tu - eae - nos - tu -

Vos - vos - Orestes - Avunculus meus

1) _______________Ego___________ unum fratrem habeo.

2) _________________________ unam filiam habet.

3) Habes _____________________ plumbum eius?

4) ____________________ duas feles habetis.

5) Habent ___________________ lectionem hodie?

6) Cras ___________________ scolam habemus.

7) ___________________ sex amicos habet.

8) Quid habetis ___________________ hodie?

9) A meridie ad vesperam __________________ opus habeo.

10) ___________________ cinturam rubram habes.

<u>Ejercicio 4</u>

<u>Pongan el verbo **"habere" (tener)** en la forma correcta.</u>

1) nos _________habemus___________ *(nosotros tenemos)*

2) soror mea et tu ____________________ *(mi hermana y tú tenéis)*

3) Metellus ____________________ *(Metellus tiene)*

4) homines ____________________ *(los hombres tienen)*

5) vos ____________________ *(vosotros tenéis)*

6) ego ____________________ *(yo tengo)*

7) Flavia ____________________ *(Flavia tiene)*

8) tu ____________________ *(tú tienes)*

9) Flavius et Tertia ____________________ *(Flavius y Tertia tienen)*

10) ea ____________________ *(ella tiene)*

3) Verba "amare, ambulare, cantare, natare, cogitare"
(Los verbos "amar, caminar, cantar, nadar, pensar")

Tabla gramatical:

	amare
ego	am**o**
tu	am**as**
is, ea, id	am**at**
nos	am**amus**
vos	am**atis**
ei, eae, ea	am**ant**

	ambulare
ego	ambul**o**
tu	ambul**as**
is, ea, id	ambul**at**
nos	ambul**amus**
vos	ambul**atis**
ei, eae, ea	ambul**ant**

	<u>cantare</u>
ego	cant**<u>o</u>**
tu	cant**<u>as</u>**
is, ea, id	cant**<u>at</u>**
nos	cant**<u>amus</u>**
vos	cant**<u>atis</u>**
ei, eae, ea	cant**<u>ant</u>**

	<u>natare</u>
ego	nat**<u>o</u>**
tu	nat**<u>as</u>**
is, ea, id	nat**<u>at</u>**
nos	nat**<u>amus</u>**
vos	nat**<u>atis</u>**
ei, eae, ea	nat**<u>ant</u>**

	<u>cogitare</u>
ego	cogit**<u>o</u>**
tu	cogit**<u>as</u>**
is, ea, id	cogit**<u>at</u>**
nos	cogit**<u>amus</u>**
vos	cogit**<u>atis</u>**
ei, eae, ea	cogit**<u>ant</u>**

ego: *yo*

tu: *tú*

is, ea, id: *él, ella, eso*

nos: *nosotros*

vos: *vosotros*

ei, eae, ea: *ellos, ellas*

<u>Ejercicio 1</u>

<u>Coloquen los verbos en la forma correcta.</u>

1) Nos ________ambulamus________ cotidie. (ambulare)
Caminamos todos los días.

2) Flavia Metellum _____________________ . (amare)
Flavia ama a Metellus.

3) Ego non _____________________ bene. (cantare)
Ego no canto bien.

4) Vos in mari _____________________ . (natare)
Vosotros nadáis en el mar.

5) Ei de problemate _____________________ . (cogitare)
Ellos piensan en el problema.

6) Nos in convivio _____________________ . (cantare)
Cantamos en la fiesta.

7) Piscis in flumine _____________________ . (natare)
El pez nada en el río.

8) Quare tu celeriter _____________________ ? (ambulare)
¿Por qué caminas rápido?

9) Vos de rebus philosophicis _____________________ . (cogitare)
Vosotros pensáis en cuestiones filosóficas.

10) Alba per viam _____________________ . (ambulare)
Alba camina por la calle.

<u>Ejercicio 2</u>

<u>Coloquen los verbos en la forma correcta.</u>

1) Ego Cleliam _________amo_____________ . (amare)
Yo amo a Clelia.

2) Eae per diem ____________________________ . (cantare)
Ellas cantan durante el día.

3) Vos multum ____________________________ . ¡Hoc bonum est!   (cogitare)
Vosotros pensáis mucho. ¡Esto es bueno!

4) Nos in flumine ____________________________ . (natare)
Nos nadamos en el río.

5) Tu solus ____________________________ . (ambulare)
Tú caminas solo.

6) Ego magnis longitudinibus ____________________________ . (ambulare)
Camino grandes distancias.

7) Vos pulchre ____________________________ . (cantare)
Cantáis muy bien.

8) Tu de opere tuo ____________________________ . (cogitare)
Tú piensas en tu trabajo.

9) Parentes liberos suos ____________________________ . (amare)
Los padres aman a sus hijos.

10) Filius meus in lacu ____________________________ . (natare)
Mi hijo nada en el lago.

Ejercicio 3

Rellenen los huecos con la(s) palabra(s) correcta(s).

Cicero - Lydia - Perseus et Andromeda - Ego

~~Vos~~ - Nos - eae - tu - Mater et ego - Is

1) _______Vos_________ hodie natatis.

2) ____________________ sororem tuam amat.

3) ____________________ lente ambulamus.

4) ____________________ celeriter cogitat.

5) Cantas ____________________ bene?

6) Quem amant ____________________ ?

7) ____________________ in silva ambulamus.

8) ____________________ multa carmina canto.

9) ____________________ bene natant.

10) ____________________ de futuro cogitant.

<u>Ejercicio 4</u>

<u>Coloquen los verbos en la forma correcta.</u>

1) Nos ________cantamus________ . *(nosotros cantamos)*

2) Frater tuus et tu ____________________ . *(tu hermano y tú camináis)*

3) Tu ____________________ . *(tú amas)*

4) Ego ____________________ . *(yo creo)*

5) Aemilia ____________________ . *(Emilia nada)*

6) Pater meus et ego ____________________ . *(Mi padre y yo amamos)*

7) Vosotros ____________________ . *(vosotros camináis)*

8) Eae ____________________ . *(ellas nadan)*

9) Aurelius et Cesar ____________________ . *(Aurelius et Cesar cantan)*

10) Tu ____________________ . *(tú piensas)*

4) Verba "sedere, movere, videre, manere, timere" (Los verbos "sentarse, mover, ver, permanecer / quedarse, temer")

Tabla gramatical:

	sedere
ego	sed**eo**
tu	sed**es**
is, ea, id	sed**et**
nos	sed**emus**
vos	sed**etis**
ei, eae, ea	sed**ent**

	movere
ego	mov**eo**
tu	mov**es**
is, ea, id	mov**et**
nos	mov**emus**
vos	mov**etis**
ei, eae, ea	tmov**ent**

	videre
ego	vid**eo**
tu	vid**es**
is, ea, id	vid**et**
nos	vid**emus**
vos	vid**etis**
ei, eae, ea	vid**ent**

	manere
ego	man**eo**
tu	man**es**
is, ea, id	man**et**
nos	man**emus**
vos	man**etis**
ei, eae, ea	man**ent**

	timere
ego	tim**eo**
tu	tim**es**
is, ea, id	tim**et**
nos	tim**emus**
vos	tim**etis**
ei, eae, ea	tim**ent**

ego: *yo*

tu: *tú*

is, ea, id: *él, ella, eso*

nos: *nosotros*

vos: *vosotros*

ei, eae, ea: *ellos, ellas*

<u>Ejercicio 1</u>

<u>Coloquen los verbos en la forma correcta.</u>

1) Ego in sella _________sedeo_________ . (sedere)
Yo estoy sentado en la silla.

2) Eae tenebras _____________________ . (timere)
Ellas tienen miedo a la oscuridad.

3) Nos instrumenta _____________________ . (movere)
Movemos los instrumentos.

4) Vos statuas _____________________ . (videre)
Vosotros veis las estatuas.

5) Tu citra Colosseum _____________________ . (manere)
Tú te quedas dentro del Coliseo.

6) Is solus _____________________ . (sedere)
Él está sentado solo.

7) _____________________ mortem Cicero et tu?   (timere)
¿Cicerón y tú tenéis miedo a la muerte?

8) Nos unam magnam villam _____________________ . (videre)
Vemos una gran villa.

9) Ego catillum _____________________ . (movere)
Ego muevo el plato.

10) Tu in cubiculo _____________________ . (manere)
Tú te quedas en la habitación.

<u>Ejercicio 2</u>

<u>Coloquen los verbos en la forma correcta.</u>

1) Tu diu _______<u>sedes</u>_______ . (sedere)
Tú te sientas durante mucho tiempo.

2) Nos multos homines _______________________ . (vedere)
Vemos a muchos hombres.

3) Vos in gymnasio _______________________ . (manere)
Vosotros vos quedáis en el gimnasio.

4) Aliquis manum suam _______________________ . (movere)
Alguien mueve su mano.

5) Ego bellum non _______________________ . (timere)
No tengo miedo a la guerra.

6) Ei imparatorem _______________________ . (videre)
Ellos ven al emperador.

7) Tu prope Romam _______________________ . (manere)
Te quedas al lado de Roma.

8) Nos tonitrus _______________________ . (timere)
Tenemos miedo de los truenos.

9) Is et tu in terra _______________________ . (sedere)
Él y tú estáis sentados en la tierra.

10) Ego pedes meos _______________________ . (movere)
Yo muevo mis pies.

<u>Ejercicio 3</u>

<u>Rellenen los huecos con la(s) palabra(s) correcta(s).</u>

Paulus - Valeria - Tullius et Sibylla - ~~Ego~~

- Nos - Ei - Tu - Vos - Ea - Ego

1) _____________Ego__________ in lecto sedeo.

2) ______________________ foras urbem manetis.

3) ______________________ gladiatores vident.

4) ______________________ malam fortunam times.

5) ______________________ non videt bene.

6) ______________________ multos digitos movemus.

7) ______________________ prope ianuam manet.

8) ______________________ juncti sedent.

9) ______________________ malum temporem timet.

10) ______________________ coclearium moveo.

<u>Ejercicio 4</u>

<u>Coloquen los verbos en la forma correcta.</u>

1) Gaius __________videt_________ . *(Gaius ve)*

2) Vos _____________________ . *(vosotros os sentáis)*

3) Nos _____________________ . *(nosotros nos quedamos)*

4) Eae _____________________ . *(ellas tienen miedo)*

5) Ego _____________________ . *(yo muevo)*

6) Tu _____________________ . *(te mueves)*

7) Lucilla _____________________ . *(Lucilla ve)*

8) Claudia et Diana _____________________ . *(Claudia et Diana se sientan)*

9) Is _____________________ . *(él teme)*

10) Nos _____________________ . *(Nosotros nos quedamos)*

5) Verba "legere, ponere, discere, audire, venire"
(Los verbos "leer, poner, aprender, escuchar, venir")

Tabla gramatical:

	legere
ego	leg**o**
tu	leg**is**
is, ea, id	leg**it**
nos	leg**imus**
vos	leg**itis**
ei, eae, ea	leg**unt**

	ponere
ego	pon**o**
tu	pon**is**
is, ea, id	pon**it**
nos	pon**imus**
vos	pon**itis**
ei, eae, ea	pon**unt**

	discere
ego	disc**o**
tu	disc**is**
is, ea, id	disc**it**
nos	disc**imus**
vos	disc**itis**
ei, eae, ea	disc**unt**

	audire
ego	aud**io**
tu	aud**is**
is, ea, id	aud**it**
nos	aud**imus**
vos	aud**itis**
ei, eae, ea	aud**iunt**

	venire
ego	ven**io**
tu	ven**is**
is, ea, id	ven**it**
nos	ven**imus**
vos	ven**itis**
ei, eae, ea	ven**iunt**

ego: *yo*

tu: *tú*

es, ea, id: *él, ella, eso*

nos: *nosotros*

vos: *vosotros*

ei, eae, ea: *ellos, ellas*

Ejercicio 1

Coloquen los verbos en la forma correcta.

1) Nos multa libra __________ legimus __________ . (legere)
Leemos muchos libros.

2) Tu bonam musicam __________________________ . (audire)
Escuchas buena música.

3) Ei ad urbem __________________________ . (venire)
Ellos vienen a la ciudad.

4) Vos coclearia super mensam __________________________ . (ponere)
Vosotros ponéis las cucharas sobre la mesa.

5) Is novam philosophiam __________________________ . (discere)
Él aprende la nueva filosofía.

6) Ego lupos __________________________ . (audire)
Yo oigo los lobos.

7) Eae regulas __________________________ . (ponere)
Ellas ponen las reglas.

8) Nos nuntium __________________________ . (discere)
Nos (aprendemos) enteramos de la noticia.

9) Vos ad domum nostram __________________________ . (venire)
Vosotros venís a nuestra casa.

10) Ea libenter inscriptiones __________________________ . (legere)
Ella lee las inscripciones de buena gana.

<u>Ejercicio 2</u>

<u>Coloquen los verbos en la forma correcta.</u>

1) Eae res de vita _______________discunt___________ . (discere)
Ellas aprenden cosas sobre la vida.

2) Nos vinum in calicem ___________________________ . (ponere)
Ponemos vino en la copa.

3) Is a Grecia ___________________________ . (venire)
Él viene de Grecia.

4) Vos unam cantionem ___________________________ . (audire)
Vosotros oís una canción.

5) Tu poema ___________________________ . (legere)
Lees el poema.

6) Ego pugnare ___________________________ . (discere)
Aprendo a luchar.

7) Nos multos strepitus ___________________________ . (audire)
Oímos muchos ruidos.

8) Vos libros in bibliotheca ___________________________ . (ponere)
Ponéis los libros en la biblioteca.

9) Is semper repente ___________________________ . (venire)
Él viene siempre de repente.

10) Ego epistulam ___________________________ . (legere)
Yo leo la carta.

<u>Ejercicio 3</u>

<u>Rellenen los huecos con la(s) palabra(s) correcta(s).</u>

Is - Eae - Vos - ~~Tu~~ - Cicero - Nos
Ei - Tu - Ego - Lucia

1) _________Tu_________ a Italia venis.

2) _______________________ perbene legit.

3) _______________________ meam matrem audio.

4) _______________________ faciliter discit.

5) _______________________ aquam in vino nostro ponimus.

6) _______________________ celeriter legitis.

7) _______________________ non audiunt bene.

8) _______________________ a Sicilia veniunt.

9) _______________________ scutum in terra ponis.

10) _______________________ fabulare discit.

<u>Ejercicio 4</u>

<u>Coloquen los verbos en la forma correcta.</u>

1) Nos ___________ponimus___________ . *(nosotros ponemos)*

2) Vos _______________________ . *(vosotros aprendéis)*

3) Ea _______________________ . *(ella lee)*

4) Tu _______________________ . *(tú vienes)*

5) Ego _______________________ . *(yo oigo)*

6) Nos _______________________ . *(nosotros aprendemos)*

7) Eae _______________________ . *(ellas ponen)*

8) Quintus et Appius _______________________ . *(Quintus y Appius oyen)*

9) Vos _______________________ . *(vosotros venís)*

10) Tu _______________________ . *(tú lees)*

6) Accusativus (acusativo) / Nominativus (nominativo) Singularis (singular de sustantivos)

Tabla gramatical (primera y segunda declinación)

Primera declinación:

A) Sustantivos masculinos

Los sustantivos masculinos que terminan en:	Nominativo	Acusativo
- a	naut**a**	naut**am**

B) Sustantivos femeninos

Sustantivos femeninos que terminan en:	Nominativo	Acusativo
-a	terr**a**	terr**am**

Segunda declinación:

A) Sustantivos masculinos

Sustantivos masculinos que terminan en:	Nominativo	Acusativo
-us	popul**us**	popul**um**
-er	gen**er**	gener**um**
-er	lib**er**	libr**um**

B) Sustantivos femeninos

Sustantivos femeninos que terminan en:	Nominativo	Acusativo
-us	fic**us**	fic**um**

Ejercicio 1

Pongan los sustantivos masculinos en acusativo.

1) Nos ________cultrum________ movemus. (culter)
Nosotros movemos el cuchillo.

2) Vos ____________________ adiuvatis. (agricola)
Vosotros ayudáis al agricultor.

3) Tu ____________________ audis. (vir)
Tú oyes al hombre.

4) Ei ____________________ alant. (caper)
Ellos dan de comer al cabrío.

5) Ea ____________________ amat. (dominus)
Ella ama al caballero.

6) Ego ____________________ saluto. (nauta)
Yo saludo al marinero.

7) Nos ____________________ non cognoscimus. (faber)
No conocemos al herrero.

8) Eae contra ____________________ dicunt. (poeta)
Ellas hablan en contra del poeta.

9) Ego tuum ____________________ multum aestimo. (socer)
Yo estimo mucho a tu suegro.

10) Rex prope ____________________ vivit. (populus)
El rey vive cerca del pueblo.

<u>Ejercicio 2</u>

<u>Pongan los sustantivos femeninos en acusativo.</u>

1) Tu _______epistulam_______ mittis. (epistula)
Tú envías la carta.

2) Ei ____________________________ deorum provocant. (ira)
Ellos provocan la ira de los dioses.

3) Ego tuam ____________________________ amo. (amica)
Amo a tu amiga.

4) Vos ____________________________ problemae non cognoscitis. (causa)
No conocéis la causa del problema.

5) Is ____________________________ habet. (hasta)
Él tiene la lanza.

6) Nos ____________________________ aperimus. (ianua)
Abrimos la puerta.

7) Vos ____________________________ videtis. (lupa)
Vosotros veis a la loba.

8) Tu ____________________________ salutas. (femina)
Saludas a la mujer.

9) Nos suam ____________________________ videmus. (consobrina)
Vemos a su prima.

10) Tu novam ____________________________ invenis. (cura)
Encuentras una cura nueva.

<u>Ejercicio 3</u>

<u>Completen los huecos con la forma correcta.</u>

<u>Nominativo</u>	<u>Acusativo</u>	
femina	*feminam*	*(mujer)*
	nautam	*(marinero)*
mensa		*(tabla)*
Claudia		*(Claudia)*
	insulam	*(isla)*
Metellus		*(Metellus)*
	dominum	*(señor)*
faber		*(herrero)*
	agrum	*(campo)*
	cultrum	*(cuchillo)*

<u>Ejercicio 4</u>

<u>Elijan la respuesta correcta.</u>

1) Mea <u>*amica*</u> */ amicam*   Graeca est.
(Mi amiga es griega).

2) Nos *poeta / poetam*   honoramus.
 (Honramos al poeta).

3) *Epistula / Epistulam*   hic est.
(La carta está aquí).

4) *Gener / Generum*   pulchrus est.
 (El yerno es guapo).

5) Ego *hasta / hastam*   video.
 (Veo la lanza.)

6) Fabia *ianua / ianuam*   claudit.
 (Fabia cierra la puerta).

7) Ei *causa / causam*   mali capiunt.
 (Ellos comprenden la causa del mal).

8) *Cura / Curam*   efficax est.
 (La cura es eficaz).

9) Vos *agricola / agricolam*   adiuvatis.
 (Vosotros ayudáis al agricultor).

10) *Publius / Publium*   ingeniosus est.
 (Publio es ingenioso.)

7) Accusativus (acusativo) / Nominativus (nominativo) Singularis (singular de adjetivos)

Tablas gramaticales:

A)

	Nominativo	Acusativo
Género masculino	flav**us**	flav**um**
Género femenino	flav**a**	flav**am**

B)

	Nominativo	Acusativo
Género masculino	miser	miser**um**
Género femenino	miser**a**	miser**am**

Ejercicio 1

Pongan los adjetivos masculinos en acusativo.

1) Ego canem _________album_________ video. (albus)
Yo veo el perro blanco.

2) Ei cultrum _______________________ habent. (aureus)
Ellos tienen el cuchillo de oro.

3) Nos librum _______________________ legimus. (parvus)
Estamos leyendo el libro pequeño.

4) Tu avunculum _______________________ audis. (miser)
Estás escuchando al tío miserable.

5) Vos catillum _______________________ movetis. (ater)
Estáis moviendo el plato negro.

6) Is puerum _______________________ videt. (somnolentus)
Él ve al niño dormido.

7) Ego calamum _______________________ habeo. (minisculus)
Yo tengo el bolígrafo muy pequeño.

8) Maria hominem _______________________ amat. (flavus)
Maria ama al hombre rubio.

9) Tu medicum _______________________ consulas. (excitus)
Consultas al médico excitado.

10) Nos inimicum _______________________ pugnamus. (magnus)
Nosotros luchamos contra el gran enemigo.

<u>Ejercicio 2</u>

<u>Pongan los adjetivos femeninos en acusativo.</u>

1) Byzantini stolam _______purpuream_______ gerunt. (purpurea)
Los bizantinos llevan el vestido púrpuro.

2) Ea turrem _____________________ videt. (alta)
Ella ve la torre alta.

3) Cicero feminam _____________________ amat. (venusta)
Cicerón ama a la mujer encantadora (graciosa).

4) Ego felem _____________________ tango. (laeta)
Yo toco el gato alegre.

5) Vos reginam _____________________ auditis. (decora)
Estáis escuchando a la elegante reina.

6) Eae puellam _____________________ vident. (territa)
Ellas ven a la chica aterrorizada.

7) Nos cogitationem _____________________ amamus. (libera)
Nos encanta el pensamiento libre.

8) Ego matrem _____________________ audio. (irata)
Oigo a la madre enfadada.

9) Ei sororem _____________________ amant. (bona)
Ellos aman a la hermana amable.

10) Tu malum _____________________ habes. (frugifera)
Tú tienes el manzano frugífero.

<u>Ejercicio 3</u>

<u>Completen los huecos con la forma correcta.</u>

<u>Nominativo</u>	<u>Acusativo</u>	
magnus	*magnum*	*(grande)*
	auream	*(dorada)*
laetus		*(alegre)*
tener		*(tierno)*
	flavam	*(rubia)*
	parvam	*(pequeña)*
excitus		*(excitado)*
ater		*(negro)*
	longum	*(alto)*
	album	*(blanco)*

<u>Ejercicio 4</u>

<u>Elijan la respuesta correcta.</u>

1) Ego *parvus / <u>parvum</u>* canem habeo.
(Tengo el perro pequeño).

2) Nos *laeta / laetam* feminam videmus.
(Vemos a la mujer alegre).

3) Vos *magnus / magnum* imperatorem videtis.
(Veis al gran emperador).

4) Tertius *flavus / flavum* est.
(Tertius es rubio.)

5) Ianua *parva / parvam* est.
(La puerta es pequeña).

6) Ei filiam suam *somnolenta / somnolentam* vident.
(Ellos ven a su hija somnolienta).

7) Es anulum *aureus / aureum* emit.
(Él está comprando el anillo de oro).

8) Ego vinum *rubrus / rubrum* bibo.
(Yo bebo el vino tinto).

9) Tu unam *miniscula / minisculam* fenestram habes.
(Tú tienes una ventana minúscula).

10) Licinia multum *venusta / venustam* est.
(Licinia es muy encantadora.)

8) Casus ablativus (el caso ablativo)

Tabla gramatical (primera y segunda declinación)

Primera declinación:

A) Sustantivos masculinos

Sustantivos masculinos que terminan en:	Nominativo	Ablativo
- a	naut<u>a</u>	naut<u>a</u>

B) Sustantivos femeninos

Sustantivos femeninos que terminan en:	Nominativo	Ablativo
-a	terr<u>a</u>	terr<u>a</u>

Segunda declinación:

A) Sustantivos masculinos

Sustantivos masculinos que terminan en:	Nominativo	Ablativo
-us	popul**us**	popul**o**
-er	gener	gener**o**
-er	liber	libr**o**

B) Sustantivos femeninos

Sustantivos femeninos que terminan en:	Nominativo	Ablativo
-us	fic**us**	fic**o**

C) Sustantivos neutros

Sustantivos neutros que terminan en:	Nominativo	Ablativo
-um	bell**um**	bell**o**

<u>Ejercicio 1</u>

<u>Pongan los sustantivos masculinos en ablativo.</u>

1) Ego cum ________Metello________ loquor. (Metellus)
Yo hablo con Metellus.

2) Id uno ______________________ constat. (denarius)
Eso cuesta un denario.

3) Nos tenus ______________________ ambulamus. (ager)
Nosotros caminamos hasta el campo.

4) Rex coram ______________________ stat. (populus)
El rey se presenta (está) ante el pueblo.

5) Hic domus sine ______________________ est. (dominus)
Esta casa está sin amo.

6) Ego ______________________ venio. (Panormus)
Yo vengo de Palermo.

7) Nos ______________________ liberamus. (servus)
Nosotros liberamos el esclavo.

8) Ei ______________________ secant. (culter)
Ellos están cortando con el cuchillo.

9) Potes sine ______________________ tuo vincere? (amicus)
¿Puedes ganar sin tu amigo?

10) Flavia ______________________ venit. (Sequana)
Flavia viene de Sequana.

<u>Ejercicio 2</u>

<u>Pongan los sustantivos femeninos y neutros en ablativo.</u>

1) Is _______Aegypto_______ venit. (Aegyptus)
Él viene de Egipto.

2) Ei sine ______________________ agunt. (methodus)
Ellos actúan sin método.

3) Potestis sine ______________________ continuare? (bellum)
¿Podéis continuar sin guerra?

4) Vos tenus ______________________ curritis. (malus)
Vosotros corréis hasta el manzano.

5) Ego ______________________ tuo egero. (auxilium)
Yo necesito tu ayuda.

6) Nos de ______________________ loquimur. (periculum)
Hablamos del peligro.

7) Radix sub ______________________ stat. (humus)
La raíz está bajo la tierra.

8) Is cum ______________________ ei battuit. (scutum)
Él golpea con su escudo.

9) Dux ______________________ prohibet. (pugna)
El comandante prohíbe la contienda (pelea).

10) Haec navis ______________________ onusta est. (frumentum)
Este barco está cargado de grano.

<u>Ejercicio 3</u>

<u>Completen los huecos con la forma correcta.</u>

<u>Nominativo</u>	<u>Ablativo</u>
nauta	*nauta* (marinero)
	terra (tierra)
pirus	(pera)
Clelia	(Clelia)
	bello (guerra)
proelium	(lucha)
	agrum (campo)
agricola	(agricultor)
	capro (macho cabrío)
	statua (estatua)

<u>Ejercicio 4</u>

<u>Completen los huecos con la forma correcta.</u>

Nominativo	Acusativo	Ablativo	
dominus	*dominum*	*domino*	*(señor,amo)*
	mensam		*(mesa)*
		libro	*(libro)*
		puero	*(niño)*
poeta			*(poeta)*
ficus			*(higuera)*
	oppidum		*(ciudad)*
		templo	*(templo)*
	humum		*(tierra)*
agricola			*(agricultor)*

9) Pluralis (plural)

Tabla gramatical (primera y segunda declinación)

Primera declinación:

A) Sustantivos masculinos

Sustantivos masculinos que terminan en:	Nominativo singular	Nominativo plural
- a	naut**a**	naut**ae**

B) Sustantivos femeninos

Sustantivos femeninos que terminan en:	Nominativo singular	Nominativo plural
-a	terr**a**	terr**ae**

Segunda declinación:

A) Sustantivos masculinos

Sustantivos masculinos que terminan en:	Nominativo singular	Nominativo plural
-us	popul**us**	popul**i**
-er	gener	gener**i**
-er	liber	libr**i**

B) Sustantivos femeninos

Sustantivos femeninos que terminan en:	Nominativo singular	Nominativo plural
-us	fic**us**	fic**i**

C) Sustantivos neutros

Sustantivos neutros que terminan en:	Nominativo singular	Nominativo plural
-um	bell**um**	bell**a**

<u>Ejercicio 1</u>

<u>Pongan los sustantivos masculinos en la forma plural de nominativo.</u>

1) _______Accolae_______ mei Graeci sunt.   (accola)
Mis vecinos son griegos.

2) _____________________ albi sunt.   (culter)
Los cuchillos son blancos.

3) _____________________ rapidi sunt.   (atleta)
Los atletas son rápidos.

4) _____________________ tui magni sunt.   (liber)
Sus libros son grandes.

5) _____________________ fessi sunt.   (faber)
Los herreros están cansados.

6) _____________________ hic sunt.   (conviva)
Los invitados están aquí.

7) _____________________ heri advenerunt.   (alienigena)
Los extranjeros llegaron ayer.

8) _____________________ parvi sunt.   (ager)
Los campos son pequeños.

9) _____________________ poemata scribunt. (poeta)
Los poetas escriben poemas.

10) _____________________ amici boni sunt.   (collega)
Los colegas son buenos amigos.

<u>Ejercicio 2</u>

<u>Coloquen los sustantivos femeninos y neutros en la forma plural del nominativo.</u>

1) Hae ________insulae________ multum pulchrae sunt. (insula)
Estas islas son muy hermosas (bonitas).

2) _____________________ non existunt. (monstrum)
Los monstruos no existen.

3) Haec _____________________ difficilia sunt. (verbum)
Estas palabras son difíciles.

4) _____________________ arbores sunt. (malus)
Los manzanos son árboles.

5) _____________________ tua pretiosa sunt. (donum)
Tus regalos son caros.

6) _____________________ problematis multae sunt. (causa)
Las causas del problema son muchas.

7) _____________________ magnae sunt. (tabula)
Las listas son grandes.

8) Multa _____________________ existunt. (periculum)
Existen muchos peligros.

9) _____________________ militum illic sunt. (scutum)
Los escudos de los soldados están allí.

10) Multae _____________________ hic sunt. (mensa)
Aquí hay muchas mesas.

<u>Ejercicio 3</u>

<u>Pongan los sustantivos del nominativo singular al nominativo plural.</u>

1) agricola ______agricolae______ *(los agricultores)*

2) statua ____________________ *(las estatuas)*

3) poeta ____________________ *(los poetas)*

4) pirus ____________________ *(los perales)*

5) proelium ____________________ *(las peleas)*

6) templum ____________________ *(los templos)*

7) dominus ____________________ *(los caballeros, los amos)*

8) puer ____________________ *(los niños)*

9) terra ____________________ *(las tierras)*

10) oppidum ____________________ *(las ciudades)*

Ejercicio 4

Completen los huecos con la forma correcta.

Nominativo singular	**Nominativo plural**	
femina	*feminae*	*(las mujeres)*
	soceri	*(los suegros)*
bellum		*(las guerras)*
forma		*(las formas)*
officium		*(los servicios)*
	linguae	*(las lenguas)*
caper		*(los machos cabríos)*
ficus		*(las higueras)*
	pugnae	*(las peleas)*
	numeri	*(los números)*

10) Ejercicios de revisión

Ejercicio 1

Coloquen los verbos en la forma correcta.

1) Tu _________habes_____________ . (habere) *Tú tienes*

2) Nos _____________________ . (discere) *Nosotros aprendemos*

3) Is _____________________ . (cantare) *Él canta*

4) Vos _____________________ . (natare) *Vosotros nadáis*

5) Ego _____________________ . (esse) *Yo soy*

6) Ei _____________________ . (amare) *Ellos aman*

7) Gaius _____________________ . (legere) *Gaius lee*

8) Diana _____________________ . (manere) *Diana se queda*

9) Tu _____________________ . (timere) *Tú temes*

10) Nos _____________________ . (venire) *Nosotros venimos*

11) Vos _____________________ . (audire) *Vosotros escucháis*

12) Ego _____________________ . (ambulare) *Yo camino*

13) Eae _____________________ . (videre) *Ellas ven*

14) Julius _____________________ . (ponere) *Julius pone*

15) Vos _____________________ . (sedere) *Vosotros os sentáis*

<u>Ejercicio 2</u>

<u>Completen la tabla escribiendo la forma correcta de los sustantivos.</u>

<u>Nominativo</u>	**<u>Acusativo</u>**	**<u>Ablativo</u>**	
donum	*donum*	*dono*	*(regalo)*
dominus			*(señor)*
	mensam		*(mesa)*
		insula	*(isla)*
	agrum		*(campo)*
scutum			*(escudo)*
	malum		*(manzano)*
		terra	*(tierra)*
		puero	*(niño)*
periculum			*(peligro)*

<u>Ejercicio 3</u>

<u>Completen la tabla escribiendo la forma correcta de los adjetivos.</u>

<u>Nominativo</u>	<u>Acusativo</u>	
magnus	*magnum*	*(grande)*
	parvam	*(pequeña)*
minisculus		*(minúsculo)*
	territum	*(asustado)*
flava		*(rubia)*
longus		*(alto)*
	album	*(blanco)*
	venustam	*(encantadora, graciosa)*
confusus		*(confundido)*
	auream	*(dorada)*

<u>Ejercicio 4</u>

<u>Escriban el plural de las siguientes palabras.</u>

1) culter ___________cultri__________ (*cuchillos*)

2) monstrum ____________________________ (*monstruos*)

3) oppidum ____________________________ (*ciudades*)

4) nauta ____________________________ (*marineros*)

5) domina ____________________________ (*damas*)

6) pugna ____________________________ (*luchas*)

7) liber ____________________________ (*libros*)

8) gener ____________________________ (*novios*)

9) templum ____________________________ (*templos*)

10) ficus ____________________________ (*higueras*)

11) agricola ____________________________ (*agricultores*)

12) mensa ____________________________ (*tablas*)

13) oculus ____________________________ (*ojos*)

14) verbum ____________________________ (*palabras*)

15) femina ____________________________ (*mujeres*)

Claves de respuesta

1) Verbum "esse"

Ejercicio 1

1) est

2) est

3) sum

4) sunt

5) est

6) Es

7) sumus

8) sumus

9) est

10) es

Ejercicio 2

1) sunt

2) est

3) est

4) estis

5) sumus

6) es

7) sunt

8) sum

9) est

10) estis

Ejercicio 3

1) Caecilius

2) Is

3) tu

4) Tu

5) Nos

6) Lucullus

7) Ei

8) Ego et ea

9) Ego

10) vos

<u>Ejercicio 4</u>

1) est

2) estis

3) sunt

4) est

5) sum

6) est

7) es

8) sumus

9) sumus

10) est

2) Verbum "habere"

<u>Ejercicio 1</u>

1) habet

2) habeo

3) habemus

4) Habent

5) habetis

6) Habent

7) habes

8) habeo

9) habet

10) Habent

<u>Ejercicio 2</u>

1) habet

2) Habent

3) habet

4) habetis

5) habemus

6) habes

7) habetis

8) Habent

9) habeo

10) habet

<u>Ejercicio 3</u>

1) Ego

2) Orestes

3) tu

4) Vos

5) eae

6) nos

7) Avunculus meus

8) vos

9) ego

10) Tu

<u>Ejercicio 4</u>

1) habemus

2) habetis

3) habet

4) habent

5) habetis

6) habeo

7) habet

8) habes

9) habent

10) habet

3) Verba "amare, ambulare, cantare, natare, cogitare"

Ejercicio 1

1) ambulamus

2) amat

3) canto

4) natatis

5) cogitant

6) cantamus

7) natant

8) ambulas

9) cogitatis

10) ambulat

Ejercicio 2

1) amo

2) cantant

3) cogitatis

4) natamus

5) ambulas

6) ambulo

7) cantatis

8) cogitas

9) amant

10) natat

Ejercicio 3

1) Vos

2) Cicero

3) Nos

4) Is

5) tu

6) Perseus et Andromeda

7) Mater et ego

8) Ego

9) Lydia

10) Eae

<u>Ejercicio 4</u>

1) cantamus

2) ambulatis

3) amas

4) cogito

5) natat

6) amamus

7) ambulatis

8) natant

9) cantant

10) cogitas

4) Verba "sedere, movere, videre, manere, timere"

<u>Ejercicio 1</u>

1) sedeo

2) timent

3) movemus

4) videtis

5) manes

6) sedet

7) Timetis

8) videmus

9) moveo

10) manes

<u>Ejercicio 2</u>

1) sedes

2) vedemus

3) Manetis

4) movet

5) timeo

6) vident

7) manes

8) timemus

9) sedetis

10) moveo

<u>Ejercicio 3</u>

1) Ego

2) Vos

3) Ei

4) Tu

5) Valeria

6) Nos

7) Paulus

8) Tullius et Sibylla

9) Ea

10) Ego

<u>Ejercicio 4</u>

1) videt

2) sedetis

3) manemus

4) timent

5) moveo

6) moves

7) videt

8) sedent

9) timet

10) manemus

5) Verba "legere, ponere, discere, audire, venire"

<u>Ejercicio 1</u>

1) legimus

2) audis

3) veniunt

4) ponitis

5) discit

6) audio

7) ponunt

8) discimus

9) venitis

10) legit

Ejercicio 2

1) discunt

2) ponimus

3) venit

4) auditis

5) legis

6) disco

7) audimus

8) ponitis

9) venit

10) lego

Ejercicio 3

1) Tu

2) Cicero

3) Ego

4) Lucia

5) Nos

6) Vos

7) Eae

8) Ei

9) Tu

10) Is

Ejercicio 4

1) ponimus

2) discitis

3) legit

4) venis

5) audio

6) discimus

7) ponunt

8) audiunt

9) venitis

10) legis

6) Accusativus / Nominativus
(número singular de sustantivos)

Ejercicio 1

1) cultrum

2) agricolam

3) virum

4) caprum

5) dominum

6) nautam

7) fabrum

8) poetam

9) socerum

10) populum

Ejercicio 2

1) epistulam

2) iram

3) amicam

4) causam

5) hastam

6) ianuam

7) lupam

8) feminam

9) consobrinam

10) curam

Ejercicio 3

Nominativo	Acusativo
femina	*feminam*
nauta	nautam
mensa	*mensam*
Claudia	*Claudiam*
insula	insulam
Metellus	*Metellum*
dominus	dominum
faber	*fabrum*
ager	agrum
culter	cultrum

Ejercicio 4

1) amica

2) poetam

3) Epistula

4) Gener

5) hastam

6) ianuam

7) causam

8) Cura

9) agricolam

10) Publius

7) Accusativus / Nominativus
(Número singular de adjetivos)

Ejercicio 1

1) album

2) aureum

3) parvum

4) miserum

5) atrum

6) somnolentum

7) minisculum

8) flavum

9) excitum

10) magnum

Ejercicio 2

1) purpuream

2) altam

3) venustam

4) laetam

5) decoram

6) territam

7) liberam

8) iratam

9) bonam

10) frugiferam

Ejercicio 3

Nominativo	Acusativo
magnus	*magnum*
aurea	auream
laetus	*laetum*
tener	*tenerum*
flava	flavam
parva	parvam
excitus	*excitum*
ater	*atrum*
longus	longum
albus	album

Ejercicio 4

1) parvum

2) laetam

3) magnum

4) flavus

5) parva

6) somnolentam

7) aureum

8) rubrum

9) minisculam

10) venusta

8) Casus ablativus

Ejercicio 1

1) Metello

2) denario

3) agro

4) populo

5) domino

6) Panormo

7) servo

8) cultro

9) amico

10) Sequana

Ejercicio 2

1) Aegypto

2) methodo

3) bello

4) malo

5) auxilio

6) periculo

7) humo

8) scuto

9) pugna

10) frumento

Ejercicio 3

Nominativo	Ablativo
nauta	*nauta*
terra	terra
pirus	*piro*
Clelia	*Clelia*
bellum	bello
proelium	*proelio*
ager	agrum
agricola	*agricola*
caper	capro
statua	statua

Ejercicio 4

Nominativo	Acusativo	Ablativo
dominus	*dominum*	*domino*
mensa	mensam	**mensa**
liber	*librum*	*libro*
puer	*puerum*	puero
poeta	*poetam*	*poeta*
ficus	*ficum*	*fico*
oppidum	oppidum	*oppido*
templum	*templum*	*templo*
humus	humum	*humo*
agricola	*agricolam*	*agricola*

9) Pluralis

<u>Ejercicio 1</u>

1) accolae

2) cultri

3) atletae

4) libri

5) fabri

6) convivae

7) alienigenae

8) agri

9) poetae

10) collegae

<u>Ejercicio 2</u>

1) insulae

2) monstra

3) verba

4) mali

5) dona

6) causae

7) tabulae

8) pericula

9) scuta

10) mensae

<u>Ejercicio 3</u>

1) agricolae

2) statuae

3) poetae

4) piri

5) proelia

6) templa

7) domini

8) pueri

9) terrae

10) oppida

<u>Ejercicio 4</u>

<u>Nominativo singular</u>	<u>Nominativo plural</u>
femina	*feminae*
socer	soceri
bellum	*bella*
forma	*formae*
officium	*officia*
lingua	linguae
caper	*capri*
ficus	*fici*
pugna	pugnae
numerus	numeri

10) Ejercicios de revisión general

<u>Ejercicio 1</u>

1) habes

2) discimus

3) cantat

4) natatis

5) sum

6) amant

7) legit

8) manet

9) times

10) venimus

11) auditis

12) ambulo

13) vident

14) ponit

15) sedetis

Ejercicio 2

Nominativo	Acusativo	Ablativo
donum	*donum*	*dono*
dominus	*dominum*	*domino*
mensa	mensam	*mensa*
insula	*insulam*	insula
ager	agrum	*agro*
scutum	*scutum*	*scuto*
malus	malum	*malo*
terra	*terram*	terra
puer	*puerum*	puero
periculum	*periculum*	*periculo*

Ejercicio 3

Nominativo	Acusativo
magnus	*magnum*
parva	parvam
minisculus	*minisculum*
territus	territum
flava	*flavam*
longus	*longum*
albus	album
venusta	venustam
confusus	*confusum*
aurea	auream

<u>Ejercicio 4</u>

1) cultri

2) monstra

3) oppida

4) nautae

5) dominae

6) pugnae

7) libri

8) generi

9) templa

10) fici

11) agricolae

12) mensae

13) oculi

14) verba

15) feminae

Notas

Notas

Notas

Notas